Michael Klein-Landeck

# 66 Spielideen Englisch

einfach,
kreativ,
motivierend

Auer

5. Auflage 2022


Autor*innen: Michael Klein-Landeck
Umschlagfoto: Fotolia
Illustrationen: Stephan Wollweber
Satz: Typographie & Computer, Krefeld
Druck und Bindung: Korrekt Nyomdaipari Kft., Budapest
ISBN 978-3-403-**06954**-6

www.auer-verlag.de

**Handlungsorientierter Unterricht, schüleraktivierende Lehrmethoden, Lernen mit allen Sinnen, bewegter Unterricht** – all das sind wichtige Unterrichtsprinzipien und aktuelle Forderungen an die Gestaltung von Lernsituationen, die neueren **Qualitätsansprüchen an guten Unterricht** genügen. Selbstverständlich ist damit auch der Englischunterricht angesprochen.

Tatsächlich aber findet das Lehren und Lernen dort – so belegen wissenschaftliche Untersuchungen – häufig immer noch überwiegend in recht traditionellen Bahnen statt. Für den Englischunterricht heißt das nicht selten: Die Lehrkraft steht im Mittelpunkt und lenkt den Unterricht, die Schüler[1] sitzen und führen Arbeitsaufträge aus. Der Lehrer hat den größten Redeanteil und die Schüler gehen von Seite zu Seite, von Kapitel zu Kapitel. Oft wird es als erfolgreicher Englischunterricht angesehen, wenn sich die Klasse von Buchdeckel zu Buchdeckel durch Lehrwerk und Workbook gearbeitet hat.

Dass so ein Unterricht viele Schüler nicht gerade motiviert und herausfordert, zeigt sich immer wieder. Dabei lässt sich die berechtigte Forderung nach einem **„Lernen mit Kopf, Herz und Hand"** und nach **abwechslungsreichem, lebendigem Unterricht** auch umsetzen, ohne dass man die Orientierung an der Lehrwerksprogression aufgibt.

Es kommt sehr darauf an, **spielerischen Ideen** im Unterricht **mehr Raum** zu geben und die Schüler mit allen Sinnen die vielen schönen Seiten dieses Faches erleben zu lassen. Wagen wir doch mehr **action in the classroom**! Die Schüler zeigen dann erfahrungsgemäß viel mehr Begeisterung für das Fach Englisch und ihr **Lernerfolg wird nachhaltig gefördert**. Denn Spielen im Unterricht ist keine vergebene Lernzeit – im Gegenteil!

- Eine positive, angstfreie und fröhliche Unterrichtsatmosphäre erhöht die **Leistungsbereitschaft** der Schüler.
- Phasen der Anspannung und Zeiten der Entspannung sollten im Tagesverlauf einander ablösen. Regelmäßige Bewegungsphasen sind eine **gute Vorbereitung** auf die sich anschließende konzentrierte Arbeit.
- Bewegungsspiele tragen dem großen Bewegungsdrang von Kindern und Jugendlichen Rechnung und fördern das **Anlegen verschiedener Lernspuren** („doppelte Kodierung von Lerninhalten") im Gehirn.
- Ein „Lernen mit allen Sinnen" fördert die **Verankerung und Vernetzung neuer Inhalte**. Motorische und sensorische Erfahrungen beim Lernen haben eine zentrale Bedeutung für Verarbeitungs-, Speicherungs- und Erinnerungsprozesse.

---

1 Aufgrund der besseren Lesbarkeit ist in diesem Buch mit Schüler auch immer Schülerin gemeint, ebenso verhält es sich mit Lehrer und Lehrerin etc.

- Die Berücksichtigung mehrerer Sinne und der Einbau von Bewegungselementen in den Unterricht **motiviert** die Schüler und **stärkt ihre Lernfreude** nachhaltig.

Die nachfolgend vorgestellten 66 Spielideen für den Englischunterricht wurden im Laufe einer 25-jährigen Lehrtätigkeit an Gymnasien, Gesamt- und Stadtteilschulen zusammengetragen oder selbst entwickelt; sie wurden in vielen und sehr unterschiedlichen Klassen und Kursen erprobt. Sie sollen die Arbeit mit dem Englischbuch nicht ersetzen, sondern ergänzen und bereichern.

Für bestimmte, wiederkehrende Begriffe wurden zur besseren Orientierung Icons verwendet:

 = Dauer

 = Material/Voraussetzungen

Besondere **Voraussetzungen**, die es zu erfüllen gilt, sind angegeben, sowie auch das zur Durchführung nötige **Material**. Die **Hinweise zur Durchführung** sind möglichst knapp gehalten und in den meisten Fällen durch konkrete Beispiele gestützt.

Die **Angabe der Dauer** entspricht einem Erfahrungswert, wobei der genannte Zeitrahmen sowohl nach oben wie auch nach unten flexibel und an den individuellen Bedürfnissen ausgerichtet gehandhabt werden kann.

Bitte beachten Sie, dass die Zeitangaben nur Richtwerte darstellen und je nach Lernziel, Übungsvariante und Lerngruppe abweichen können.

Mögen die Spiele Ihnen und Ihren Schülern Freude beim Ausprobieren bereiten und Sie zu mehr **action in the classroom** ermutigen!

*Michael Klein-Landeck*

## 1.1 Action cards/Auftragsröllchen — Kl. 5/6

15 Karteikarten DIN A6 oder 15 Papierstreifen ca. 3 × 21 cm mit einfachen Aufforderungen und Aufträgen, Filmdosen o. Ä.

15 Minuten

Ein besonders bei jüngeren Schülern beliebtes Spiel! Auf kleine Karteikarten (A6) schreibt der Lehrer Handlungsaufträge wie *Stand on your chair and sing a song* oder *Say 'hello' to your best friend* oder *Walk around the room like a chicken.* Ein Schüler liest den Auftrag und führt die Handlung aus. Ein anderer überprüft, ob der Text richtig verstanden wurde. Danach wird getauscht.
Das Lernmaterial ist einfach herzustellen und sollte gezielt den sprachlichen Kompetenzen der Schüler angepasst werden. Reizvoll ist es, die Aufträge auf Papierstreifen (3 × 21 cm) zu schreiben und in kleine Filmdöschen zu stecken, da dies die Spannung vor dem Lesen erhöht.

## 1.2 Giving directions I: Schatzsuche — Kl. 5/6

eine „Schatzdose", Süßigkeiten, „Schatzkarte"

10 Minuten

Eine „Schatzdose" gefüllt mit Süßigkeiten o. Ä. wird auf dem Schulhof versteckt (dabei kann eine Kollegin oder ein Kollege helfen). In einer offenen Unterrichtsphase dürfen sich die Schüler nacheinander in kleinen Gruppen auf Schatzsuche begeben. Dazu folgen sie einer vorbereiteten „Schatzkarte" mit Wegbeschreibung.
*Giving directions* muss noch nicht in den aktiven Sprachgebrauch eingegangen sein. Es geht vielmehr um das Leseverstehen und die korrekte Umsetzung von Anweisungen wie *Go through the assembly hall, Turn right at the cafeteria* oder *Go past the gym.*

## 1.3 Giving directions II: Der Stadtplan

Kl. 6/7

Kreide, ggf. Karteikarten

45 Minuten

Die Schüler entwerfen zunächst, z. B. an der Tafel im Klassenraum, einen großen Stadtplan und übertragen diesen dann mit Kreide auf den Schulhof. Dabei zeichnen sie markante Orte wie *park, cinema, library, supermarket* und *bus terminal* sowie Straßennamen ein. Im Rollenspiel lässt sich nun in kleinen Gruppen nach dem Weg fragen (*Excuse me, can you tell me/us the way to …, please ?*) bzw. entsprechend Auskunft geben (*Yes, certainly. Go straight on and turn left …*). Alternativ können die Schüler auch vorbereiteten Wegbeschreibungen (z. B. auf Karteikärtchen) folgen und am Ziel überprüfen, ob sie die richtige Route genommen haben.

## 1.4 Giving directions III: Blinde Kuh

Kl. 6–10

Augenbinde, „Hindernisse" wie Matten und Kästen aus der Sporthalle

45 Minuten

Dieses Vertrauensspiel lässt sich auf einem abgegrenzten Spielfeld sowohl in der Sporthalle als auch auf Rasen spielen. Voraussetzung ist, dass die Schüler vertrauensvoll miteinander umgehen. In der Sporthalle errichtet der Lehrer mit Matten und Kästen etc. einen leicht zu überwindenden Parcours. Die Schüler teilen sich in mehrere Gruppen auf. Ein Teil der Gruppe versucht, mit verbundenen Augen den Parcours abzulaufen, während der andere Teil englische Kommandos gibt. Alternativ können die „blinden" Schüler auch durch Zuruf zu einem auf dem Spielfeld verborgenen Schatz geleitet werden.

## 1.5 Giving directions IV: Das Roboter-Spiel

Kl. 5–7

keine

10 Minuten

Bei diesem Spiel darf reihum jemand den Roboter spielen, der auf die Kommandos eines Mitschülers reagiert (*Go to the window, please* oder *Pick up that book, please*). Es ist darauf zu achten, dass die Aufforderungen immer freundlich (*please*) und sprachlich korrekt formuliert werden. Ist dies nicht der Fall, werden die Rollen getauscht.

## 1.6 Prepositions – Morgengymnastik

Kl. 5/6

Klassenraum-Mobiliar

5 Minuten

Diese gymnastische Übung bringt viel Schwung in den Unterricht und lässt sich gut zur Vertiefung der Präpositionen nutzen. Der Lehrer oder ein Schüler gibt Kommandos wie *Stand on your chair, Sit under your desk* oder *Jump on one leg*, die Klasse führt diese aus. Wer falsch reagiert, gibt ein Pfand ab.

## 1.7 Prepositions – Der neue Sitzplan | Kl. 5/6

Klassenraum-Mobiliar

10 Minuten

Dieses Spiel eignet sich hervorragend, um den Schülern einen neuen Sitzplan vorzustellen. Dazu nehmen die Schüler ihre Taschen und warten geduldig im Eingangsbereich der Klasse, bis sie aufgerufen werden (z. B. *Jan is sitting in front of the blackboard, Mary's new seat is next to the window, Sven is sitting behind Kevin).* Die Schüler hören aufmerksam zu und setzen sich auf ihre neuen Plätze.
Unter Umständen müssen einzelne Schüler noch einmal „umziehen", wenn die Anweisungen nicht eindeutig genug waren bzw. nicht richtig verstanden wurden.

## 1.8 Read and draw | Kl. 5–7

10 Karteikarten DIN A5, Zeichenpapier, Stifte

10 Minuten

In Phasen individualisierten Unterrichts ziehen die Schüler aus einem vorbereiteten Kartensatz jeweils eine Karteikarte, auf der eine humorvolle Situation geschildert wird (z. B. *Six pupils are in class 5a. Anne is dancing on her desk. Bob and Ron are lying in the bookshelf. The teacher is playing football with the bin.*). Die Schüler lesen die geschilderte Situation aufmerksam durch und fertigen dazu ein passendes Bild an. Anschließend vergleichen sie in Partnerarbeit ihre Ergebnisse (*In my picture there is ..., but there aren't any ...*). Der Partner kann anhand der schriftlichen Situationsbeschreibung überprüfen, ob in der Zeichnung alles korrekt umgesetzt wurde.
Die Texte der *read and draw*-Karten sollten bereits bekanntes Wortmaterial und geläufige Strukturen enthalten.

## 1.9 Listen and draw

Kl. 5–

Zeichenpapier, Stifte

10 Minuten

Diese Übung ist eine Variante des Prinzips *read and draw* und lässt sich leicht mit der ganzen Klasse durchführen: Der Lehrer trägt mündlich einen Text vor, der durchaus lustige Elemente beinhalten sollte. Die Schüler setzen das Verstandene zeichnerisch um und vergleichen anschließend wie bei *read and draw* ihre Bilder.

## 1.10 Body parts and movements I: Tanzstunde

Kl. 6–1

CD-Spieler, 10–15 Impulskarten mit Bewegungsaufträgen

10 Minuten

Diese Übung eignet sich ab Klasse 6, wenn wichtige Körperteile und Bewegungsformen bekannt sind, und ist sehr populär. Sie lässt sich mit der ganzen Klasse durchführen, aber auch in Kleingruppen in offenen Unterrichtsphasen. Benötigt werden etwa 10–15 Impulskarten mit Bewegungsanweisungen, genug Platz sowie ein CD-Spieler mit Tanzmusik. Achtung: Verlassen Sie sich bitte nicht auf Ihren persönlichen Musikgeschmack und versuchen Sie nicht, die Schüler mit Oldies zu beglücken! Daran kann die ganze Übung scheitern. Suchen Sie ggf. einen größeren Raum (Pausenhalle) auf.
Die Klasse bewegt sich erst individuell zur Musik oder geht auf der Stelle. Dann ruft der Lehrer oder ein Schüler Kommandos wie *Bend forward, Lift your right/left arm, Touch your toes, Stretch your arms above your head* oder *Jump on your right/left leg*. Die Tänzer hören aufmerksam zu und setzen die Kommandos in entsprechende Bewegung um.
Die Leitung der Tanzgruppe wechselt nach jedem Durchgang.

## 1.11 Body parts and movements II: Körperteile

Kl. 6/7

keine

10 Minuten

Der Lehrer steht vor der Klasse und berührt sein Ohr. Dazu sagt er: *This is my ear*. Die Schüler berühren ebenfalls ihr Ohr. Diese Aktion wird mit verschiedenen Körperteilen wiederholt. Der Reiz besteht darin, sich z. B. an die Nase zu fassen und zu sagen *This is my mouth*: Dann dürfen die Schüler die Bewegung nicht nachmachen.
Wer es trotzdem tut, scheidet aus.

## 1.12 Simon says

Kl. 5/6

keine

5 Minuten

Bei diesem bekannten Spiel erteilt der Lehrer Kommandos wie *Simon says .... stand up! ... say hello! ... touch your nose! ... clap your hands!* Die Schüler trommeln mit den Fingern auf den Tisch und setzen die Ansage jeweils um. Wer zu spät reagiert, scheidet aus.
Wenn der Lehrer vergisst, vorher *Simon says ...* zu sagen, dürfen die Schüler der Aufforderung nicht folgen. Wer es doch tut, scheidet aus.

## 1.13 Four corners I: Wortfeld-Eckenraten

Kl. 5/6

keine

10 Minuten

Die vier Ecken des Klassenraumes erhalten jeweils den Namen einer Farbe/einer Obstsorte/eines Tieres. Die Schüler stellen sich nach Belieben in einer Ecke auf. Ein Spielleiter mit verbundenen Augen ruft einen der Ecken-Namen, z. B. *cow*. Wer in der entsprechenden Ecke steht, scheidet aus. Die übrigen Mitspieler suchen sich nun eine andere Ecke aus oder bleiben stehen. Das Spiel wird so lange fortgesetzt, bis nur noch ein Schüler übrig bleibt.
Dieses bei Lernanfängern beliebte Spiel schult das genaue Zuhören.

## 1.14 Four corners II: Grammatik-Eckenraten

Kl. 7–10

4 Pappschilder mit grammatischen Kategorien

15 Minuten

Viele Schüler benötigen Zeit und Ruhe, um ein Bewusstsein für grammatikalische Phänomene zu entwickeln und neue Strukturen zu verstehen. Häufig wird zu früh von ihnen erwartet, dass sie das neu Erlernte schon anwenden können. Nicht wenige Schüler können z. B. keine Passivform bilden, weil ihnen der Unterschied zwischen Aktiv und Passiv gar nicht klar ist. Für die Vergegenwärtigung von solchen grammatischen Kategorien ist die folgende Übung hilfreich: An einer Wand hängt ein Schild *ACTIVE*, gegenüber ein Schild *PASSIVE*. Der Lehrer trägt englische Sätze vor. Die Schüler entscheiden sich jeweils für eine Wand und stellen sich nach dem Startsignal zum entsprechenden Schild. Es folgt eine ausführliche Reflexionsphase.
Schwieriger wird es, wenn zusätzlich auch unterschiedliche Zeiten einbezogen werden z. B. *ACTIVE/PRESENT, ACTIVE/PAST, PASSIVE/PRESENT, PASSIVE/PAST.*

# 1.15 Alle die …

Kl. 5/6

keine

10 Minuten

Auch bei diesem Spiel geht es um genaues Zuhören. Besonders in der Kennenlernphase zu Beginn der 5. Klasse ist es beliebt und schult die Wahrnehmung der neuen Mitschüler. Der Lehrer gibt Kommandos in folgender Weise: *Those who wear something red please stand up/clap your hands/shake hands with your neighbour/bark like a dog.*
Andere Aufforderungen können sein: *Those who have two brothers or sisters/who have a budgie/who were born in summer/who like pizza.* Wer nicht aufpasst und entsprechend reagiert, muss ein Pfand abgeben.

# 2.1 Jukebox

Poster mit aufgemalter Jukebox

5 Minuten

Viele Schüler erwerben bereits im Englischunterricht der Grundschule einen reichen Schatz an *songs* und *chants*. Zu Beginn des 5. Schuljahres ist es wichtig, an diese Kenntnisse und Vorlieben anzuknüpfen, damit die Schüler Kontinuität erfahren: „Was ich in meiner letzten Schule gelernt habe, ist hier auch von Bedeutung, ... zählt auch, ... kann eingebracht werden."
Dazu wird in der Klasse ein Poster aufgehängt, auf das die Schüler zuvor eine Jukebox gemalt haben. Die Geburtstagskinder dürfen am Morgen ihres „großen Tages" jeweils einen Knopf dieser „Jukebox" drücken und sich von den Mitschülern einen *song* oder einen *chant* wünschen.

## 2.2 Chant: Five little monkeys

Kl. 5/6

keine

10 Minuten

Insbesondere den jüngeren Schülern machen Sprechgesänge (*chants*) große Freude. Auf spielerische Art und Weise werden sprachliche Strukturen eingeübt und vertieft, wobei sich die Schüler durch das Chorsprechen gewissermaßen in einem „geschützten Raum" befinden.
Sehr beliebt sind *chants*, bei denen lustige Bewegungsabläufe im Vordergrund stehen und der Fantasie im Hinblick auf die praktische Darstellung des Vorgetragenen keine Grenzen gesetzt sind, wie z. B. bei dem folgenden Beispiel:
*Five little monkeys jumping on the bed, one fell off and bumped his head. Mama called the doctor and the doctor said, 'No more monkeys jumping on the bed!' Four little monkeys ..."*

## 2.3 Song: Ten green bottles

Kl. 5

evtl. Gitarre

10 Minuten

Ähnlich verhält es sich mit den *songs*: Die Klasse ist mit besonderer Begeisterung dabei, wenn sich Liedertexte in (lustige) Handlungen übersetzen lassen. Auch bei *Ten green bottles,* dargestellt durch zehn nebeneinanderstehende Schüler, wird rückwärts gezählt. Mit jeder Strophe, in der eine Flasche von der Mauer fällt, lässt sich ein Schüler mit großen Gesten und unter lautem Getöse zu Boden sinken:
*Ten green bottles standing on the wall ... and if one green bottle should accidentally fall, there'd be nine green bottles standing on the wall. Nine green bottles ...*

# 2.4 Song: BINGO

evtl. Gitarre

5 Minuten

Die meisten Schüler genießen es, wenn ihre Namen in Liedern vorkommen. Das Lied BINGO (zu finden z. B. in der Liedersammlung „Wee sing“) fördert die Auseinandersetzung mit dem englischen Alphabet, speziell mit der Aussprache der Buchstaben. *There was a farmer who had a dog and Bingo was his name. B-I-N-G-O, B-I-N-G-O, B-I-N-G-O and Bingo was his name.* Beginnend mit B wird Buchstabe für Buchstabe durch lautes Klatschen der Hände ersetzt, bis schließlich statt B-I-N-G-O fünf Mal geklatscht wird. Bingo lässt sich leicht durch die Namen von Schülern ersetzen (z. B. *K-E-V-I-N*).

## 3.1 Erster im Ziel

Kl. 5/6

keine

10 Minuten

Schüler wollen gerne wissen, wie gut die gelernten Vokabeln „sitzen". Sehr beliebt sind spielerische Formen der Wiederholung, die Bewegungselemente beinhalten. Das folgende Spiel lässt sich in der Pausenhalle, auf dem Schulhof oder auch im Treppenhaus durchführen. Mit kleinen Gruppen lässt es sich leichter spielen als mit einer ganzen Klasse, da die „Wartezeiten" unter Umständen zu lang sind.
Die Schüler stehen nebeneinander an einer Startlinie. Die Lehrkraft nennt eine Vokabel. Wer zuerst die richtige Antwort gibt, darf einen Schritt vor/eine Treppenstufe höher. Wer als erster die Ziellinie überquert, hat gewonnen.
Bei den Fragen und Antworten gibt es viel Spielraum: englisch – deutsch, deutsch – englisch, *opposites*, Definition – Begriff etc. Um zu vermeiden, dass einzelne leistungsstarke Schüler das Spiel zu sehr dominieren, können die Fragen auch reihum vergeben werden. Weiß jemand die Antwort nicht, geht das Antwortrecht auf den nächsten Mitschüler über.

## 3.2 Zwei Reihen

Kl. 5–10

keine

10 Minuten

Die Klasse stellt sich in zwei Reihen paarweise hintereinander auf, sodass immer zwei Schüler gegeneinander antreten. Der Lehrer stellt eine Vokabelfrage. Der Schüler, der zuerst die richtige Antwort gibt, darf sich wieder hinten anstellen. Die Reihe, die zuerst einmal „durch" ist, gewinnt.

## 3.3 Tafelfußball

Kl. 5–10

Tafel, Tafelmagnet in (Fuß-)Ballform

10 Minuten

Der Lehrer zeichnet ein Fußballfeld an die Tafel, und zwar mit zwei Toren, einer Mittellinie und je drei bis vier weiteren Linien pro Spielfeldhälfte. Der Tafelmagnet wird auf den Mittelpunkt gelegt, von dem aus der „Anstoß" erfolgt. Es treten zwei gleich starke Schülerteams gegeneinander an. Der Lehrer stellt ihnen abwechselnd Fragen; für eine richtige Antwort wird der „Ball", also der Magnet, bis zur nächsten Linie in Richtung des gegnerischen Tors gezogen. Nun ist die andere Mannschaft dran und kann ihrerseits mit einer korrekten Antwort die Flugrichtung des „Balls" wieder verändern. Ziel ist es, die Kugel in das gegnerische Tor zu befördern.

## 3.4 Give me a clue!

Kl. 6–10

keine

20 Minuten

Zwei gleich starke Teams treten gegeneinander an. Der Lehrer lässt Begriffe erraten, gibt aber die dazu benötigten Informationen nur nach und nach preis. Je mehr Hinweise (*clues*) ein Team benötigt, desto weniger Punkte kann es gewinnen. Beginnt man z. B. mit der Aussage *This object is round* (4 points), so wird hier sicher noch munter (und falsch!) geraten werden, denn runde Objekte gibt es ja viele. Schafft man es dennoch, erhält man die vollen 4 Punkte. Der nächste Hinweis *It's small* (3 points) grenzt die Möglichkeiten schon weiter ein, der Hinweis *It's usually quite cheap* (2 points) noch mehr. Wird bei *You need it on your shirt* (1 point) der Knopf erraten, gibt es immerhin noch einen Punkt. Kommt ein Team gar nicht auf die korrekte Lösung, geht das Antwortrecht auf das andere Team über.

## 3.5 Ready, steady, go!

Kl. 5–10

keine

10 Minuten

Dieses Spiel eignet sich sehr gut zur Vertiefung bekannter Wortfelder. Zwei Rateteams à 4–5 Schüler ziehen sich für drei Minuten zurück, um Begriffe zu einem vorgegebenen Thema wie z. B. *animals, holidays* oder *Christmas* zu sammeln. Dann betritt das erste Team den Raum, die Schüler setzen oder stellen sich nebeneinander. Nun bekommen sie 30 Sekunden Zeit, um reihum Begriffe zum Wortfeld zu nennen. Für jeden richtigen Begriff erhalten sie einen Punkt, für doppelte Nennungen einen Punkt Abzug. Hat einer der Ratenden einen Blackout und weiß nicht weiter, darf er dem nächsten in der Reihe auf die Schulter tippen, sodass dieser weitermacht. Ist die Zeit abgelaufen, wird das zweite Rateteam hereingebeten. Sieger ist das Team mit der höchsten Punktezahl.

## 3.6 Odd one out mit Eckenraten

Kl. 5–10

keine

10 Minuten

Bei diesem Ratespiel verteilt sich die Hälfte der Klasse auf die vier Ecken des Raumes, die anderen Schüler sitzen auf ihren Plätzen. Nach einer vorher festgelegten Spieldauer wird getauscht. Die Lehrkraft nennt nach Art des bekannten Spiels *Odd one out* vier Begriffe und weist jedem Begriff eine der vier Ecken zu, z. B. *teacher, ruler, baker, butcher* oder *milk, coffee, tea, muesli*. Die Aufgabe der Mitspieler besteht darin, das Wort zu erkennen, das nicht zu den anderen passt, und die entsprechende Ecke aufzusuchen. Wer sich nicht korrekt positioniert, scheidet aus. Nach Möglichkeit erklären die Schüler, warum ein Begriff nicht passt.

## 3.7 Opposites mit Kartenaufstellung

Kl. 5–7

DIN-A4-Begriffskarten in Klassenstärke

10 Minuten

Begriffe lassen sich leichter lernen, wenn man sie als Gegensätze abspeichert, z. B. *night/day, boy/girl, black/white, life/death, up/down, pretty/ugly*. Eine spielerische Herangehensweise zum Vertiefen solcher Wortpaare ist die Aufstellung mit vorbereiteten Begriffskarten. Dazu hat der Lehrer in großer Schrift auf A4-Bögen je einen Begriff notiert. Die Schüler ziehen jeweils eine dieser Karten und bewegen sich durch den Raum, um ihren Gegensatz zu finden. Je zwei Schüler finden sich schließlich als Gegensatzpaar zusammen, stellen sich nebeneinander und zeigen ihre beiden *opposites*.

Je nach verfügbarer Zeit können die Karten neu gemischt werden und weitere Durchgänge folgen. Sinnvoll ist im Anschluss auf jeden Fall eine Verschriftlichung der Ergebnisse.

## 3.8 Do the mime!

Kl. 5–10

keine

10 Minuten

Vielen Schülern fällt das Einprägen von Begriffen umso leichter, je stärker die Bildeindrücke sind, die sie zusammen mit den zu lernenden Vokabeln abspeichern. Besondere Freude bereitet vielen Schülern das Darstellen von Aktivitäten und Begriffen aus Themenfeldern wie *animals, jobs, jobs around the house, sports, musical instruments* oder *body and health*.

Dieses Spiel lässt sich erfahrungsgemäß auch in den oberen Jahrgängen der Sekundarstufe I gut durchführen, wenn geeignete Themen und Wortfelder gewählt werden.

## 3.9 Act – draw – explain

Kl. 5–10

Kärtchen oder Würfel mit den Begriffen *act, draw, explain*

10 Minuten

Für dieses Spiel benötigt man entweder einen Würfel, der je zweimal die Begriffe *act, draw* und *explain* aufführt oder diese Tätigkeiten symbolisch darstellt. Alternativ lassen sich aber auch kleine Kärtchen zum Ziehen anfertigen.
Die Lehrkraft gibt nun einen Begriff vor und der erste Mitspieler erwürfelt bzw. zieht aus den verdeckt liegenden Kärtchen die gefragte Aktivität. Nun muss der Schüler den gesuchten Begriff in eigenen Worten umschreiben, ihn pantomimisch darstellen oder eine Tafelzeichnung anfertigen. Wer die gesuchte Lösung richtig errät, kommt nach vorne und stellt den nächsten Begriff vor.

## 3.10 Bingo

Kl. 5/6

Bingo-Karten mit 9 Feldern in Klassenstärke

5 Minuten

Bingo ist ein Spiel, das sich nach wie vor besonders bei jüngeren Schülern großer Beliebtheit erfreut. Der Lehrer bereitet einen kleinen Spielplan vor, der jeweils aus einem in neun gleiche Felder unterteilten Quadrat besteht und kopiert diesen für jeden Schüler.
Die Schüler tragen in jedes der neun Felder eine beliebige Zahl zwischen eins und zwanzig ein. Dann ruft der Lehrer nach und nach einzelne Zahlen aus diesem Zahlenraum auf. Hat ein Schüler die genannte Zahl auf seinem Spielplan, markiert er diese mit einem Kreuz. Sieger ist, wer zuerst drei nebeneinanderliegende Felder (waagerecht, senkrecht oder diagonal) angekreuzt hat.
Alternativ kann dieses Spiel auch mit Farben, Obstsorten, Buchstaben, Tiernamen o. Ä. gespielt werden.

## 3.11 Think fast! – Ratefix

Kl. 5–7

Buchstaben-Drehscheibe aus dem RateFix®-Spiel, 10–15 Karten mit den Bezeichnungen bekannter Wortfelder

10 Minuten

Nach dem Muster des bekannten Gesellschaftsspiels RateFix® lassen sich auf spielerische Weise englische Wortfelder einüben und vertiefen. Benötigt wird eine Buchstaben-Drehscheibe, die man günstig im Spielwarenladen bekommt (zur Not kann auch ein Schüler, genau wie bei Stadt-Land-Fluss, das Alphabet in Gedanken aufsagen). Entscheidend ist der Buchstabe, bei dem die Drehscheibe (bzw. der Schüler) stoppt.
Auf vorbereiteten kleinen Karten sind bekannte Wortfelder notiert, z. B. *food and drink, a country, an animal, a job, a colour, a body part, a sport, a hobby, a fruit, something at home/at school, something nice/terrible.* Wer als Erster einen passenden Begriff mit dem gesuchten Anfangsbuchstaben nennt, erhält die Karte. Sieger ist, wer am Ende die meisten Karten besitzt. Bei diesem Spiel können natürlich auch zwei oder mehr Teams miteinander wetteifern.

## 3.12 Telephone numbers

Kl. 5/6

pro Schüler ein Zettel und ein Stift, dazu ein Hut oder eine „Wahlurne"

10 Minuten

Bei diesem Spiel wird das genaue Zuhören geschult. Jeder Schüler schreibt seine Telefonnummer auf einen Zettel und steckt diesen in den Hut o. Ä.
Nun zieht jeder Schüler einen Zettel mit einer fremden Nummer und bewegt sich durch den Klassenraum. Durch Befragen der Mitschüler versuchen alle, den Zettel mit ihrer eigenen Nummer ausfindig zu machen.

## 3.13 Buchstabenkette

Kl. 5/6

Stuhlkreis

5 Minuten

Die Klasse sitzt im Kreis. Die Lehrkraft überlegt sich ein englisches Wort und schreibt dem Schüler links von ihr den ersten Buchstaben auf den Rücken. Dieser gibt den Buchstaben weiter, während die Lehrkraft den nächsten Buchstaben aufschreibt. Am Ende wird überprüft, ob beim letzten Schüler im Kreis das richtige Wort angekommen ist.

## 3.14 We are clocks

Kl. 5/6

keine

5 Minuten

Bei diesem Spiel werden die Uhrzeiten (volle, halbe und Viertelstunden) gefestigt. Die Schüler stehen in kleinen Gruppen zusammen. Ein Schüler stellt eine Uhrzeit dar: Stundenzeiger = rechter Arm mit geballter Faust, Minutenzeiger = linker Arm mit ausgestrecktem Zeigefinger.
Wer die Uhrzeit richtig errät, ist als Nächster dran.

## 3.15 Hot chair

Kl. 5–10

Tafel, Stuhl

10 Minuten

Ein Schüler sitzt auf einem Stuhl mit dem Rücken zur Tafel. Der Lehrer schreibt darauf den gesuchten Begriff. Die Mitschüler müssen den Begriff nun umschreiben, ohne dabei das zu erratende Wort zu benutzen. Wer den entscheidenden Hinweis gibt, sodass der Begriff erraten wird, darf als Nächster auf dem „heißen Stuhl" sitzen.

## 3.16 Fruit salad

Kl. 5/6

ausreichend Platz

10 Minuten

Dieses Spiel fördert die Vertiefung neu eingeführter Begriffe. Die Schüler bilden stehend einen großen Kreis. Jedem wird eine Obstsorte zugewiesen, wobei jede Sorte mehrfach vergeben wird, es gibt also gleich mehrere *apples* oder *bananas*. Diese dürfen jedoch nicht nebeneinanderstehen. Auf das Kommando *All apples change places!* tauschen alle „Apfelschüler" untereinander schnell die Plätze. Wer zuletzt seinen Platz findet, läuft eine Ehrenrunde um den Kreis.

Alternativ: Ein Schüler in der Mitte des Kreises gibt das Kommando und besetzt schnell einen der frei werdenden Plätze. Wer übrig bleibt und keinen freien Platz erhält, gibt das nächste Kommando. Dieses Spiel kann auch mit Begriffen aus anderen Wortfeldern gespielt werden.

## 4.1 Holiday Museum – Urlaubsfundstücke

Kl. 7–10

Tisch, Tischdecke, Schild „Holiday Museum", Urlaubserinnerungen der Schüler

90 Minuten

Die Schüler erhalten vor den Ferien den Auftrag, zur ersten Englischstunde nach den Ferien einen Gegenstand mitzubringen, der sie an ihren Urlaub oder an besonders schöne/aufregende/ärgerliche/romantische Ereignisse und *favourite activities* in ihren Ferien erinnert. Diese Dinge (Postkarte, Muschel, Buch, Feder, Stein, T-Shirt, Ball etc.) werden zu Beginn des Unterrichts auf einem schön gedeckten Tisch in der Mitte des Klassenraums ausgebreitet. Das Schild „Holiday Museum" weist auf die Bedeutung des Tisches hin. Die Schüler schildern reihum ihre Ferienerlebnisse und stellen einen Bezug zu den jeweils mitgebrachten Gegenständen her.

## 4.2 Holiday postcards – Urlaubsgrüße

Kl. 6–10

Urlaubskarten der Schüler

45 Minuten

Die Klasse erhält vor den Ferien den Auftrag, den Mitschülern an die Schuladresse (zu Händen der Englisch-Lehrkraft) eine Ansichtskarte auf Englisch zu schicken, entweder aus dem Urlaub oder dem Wohnort.
In der ersten Englischstunde nach den Ferien werden die Grußtexte verlesen, ohne den Verfasser zu nennen. Die Klasse hört aufmerksam zu und rät, von wem die jeweilige Postkarte verfasst wurde. Wer richtig rät, darf die nächste Karte verlesen.

## 4.3 Spinning the bottle: Ferienfragen

Kl. 6–

Stuhlkreis, leere Plastikflasche

15 Minuten

Die Schüler haben sich in einem Stuhlkreis zusammengesetzt. Ein Schüler meldet sich freiwillig und lässt sich zu seinen Ferienerlebnissen befragen. Ein anderer Schüler beginnt mit der ersten Frage, z. B. *Where did you go on holiday?*. Nachdem die Antwort gegeben wurde, dreht der Fragesteller die Flasche. Der Schüler, auf den die Flasche zeigt, stellt die nächste Frage, z. B. *What was the weather like?*. Das Spiel endet, wenn alle möglichen Fragen erschöpfend beantwortet sind. Danach stellt sich der nächste Schüler der Fragerunde und gibt Auskunft über die Ferien.

Alternativ können auch reihum Fragen formuliert werden. Antworten muss der Schüler, auf den die Flasche bei Stillstand zeigt.

# 4.4 Find someone who … – Ferieninterviews

Fragebogen mit ca. 20 Fragen, Stifte

45 Minuten

Zu dieser Übung werden zunächst gemeinsam Fragen erarbeitet oder bereits vom Lehrer auf einem Interviewbogen vorbereitet. Dabei soll die Kompetenz gefördert werden, Fragen in englischer Sprache bilden zu können. Anhand der Fragen werden z. B. Schüler gesucht, *… who ate fish in their holidays, … who met new friends, … who went to England, … who went on a bicycle trip.* Die Schüler gehen herum und befragen sich gegenseitig. Sie notieren Namen und die wichtigsten Stichworte. Anschließend wird im Klassenverbund Bericht über die ermittelten Ergebnisse erstattet, z. B. *Sarah and Dennis went to England, Kevin tried fish for the first time in his life …*

## 5.1 Mönchsgang

Kl. 5–10

keine

15 Minuten

Diese Übung unterstützt das Lernen der unregelmäßigen Verben. Die Klasse begibt sich auf den Schulhof und formiert sich hintereinander in zwei bis drei Reihen, die gleich lang sein sollten und nebeneinanderstehend. Die Lehrkraft gibt ein mit seinen drei Formen bereits bekanntes Verb vor, z. B. *go*. Die Klasse spricht nun im Chor *go – went – gone* und macht bei jedem Wort einen Schritt zurück, sodass sich die Klasse in ihrer Formation mehr oder weniger gleichmäßig rückwärts bewegt. Die Rückwärtsbewegung sowie das Gehen sollen das leichtere Einprägen der grammatischen Formen fördern. Das Chorsprechen hilft auch schwächeren Schülern, da es bei diesem Spiel keine Gewinner oder Verlierer gibt.

## 5.2 Aufstellung mit Karten

Kl. 6–8

DIN-A4-Bögen in Klassenstärke

10 Minuten

Auch diese Übung dient der vertiefenden Übung unregelmäßiger Verben: Der Lehrer beschriftet im Vorfeld DIN-A4-Bögen (für jeden Schüler einen) mit je einer Form eines unregelmäßigen Verbs. Die Schüler ziehen jeweils einen Bogen, suchen ihre zugehörigen „Partner" und stellen sich gruppenweise entsprechend ihrer Zusammengehörigkeit auf, z. B. *do – did – done, catch – caught – caught* etc. Diese Übung kann je nach Kenntnisstand der Klasse mit beliebig vielen Verben wiederholt werden.

Es ist sinnvoll, die Ergebnisse von den Schülern anschließend verschriftlichen zu lassen.

## 5.3 Halli Galli

Kl. 6–10

Glocke oder Buzzer, Tisch, zwei Stühle

10 Minuten

Das nächste Spiel wird auch noch von älteren Schülern mit großem Spaß gespielt. Es lässt sich in unterschiedlichen Zusammenhängen und zu verschiedenen Zwecken einsetzen, u. a. zur spielerischen Vertiefung der unregelmäßigen Verben. Man benötigt dazu eine Art Buzzer oder Glocke oder den Gong aus dem im Handel erhältlichen Halli-Galli-Spiel®. Zwei Spielpartner sitzen einander gegenüber, die Hände auf dem Rücken. Sie sollten in etwa gleich leistungsstark sein. In der Mitte vor ihnen auf dem Tisch befindet sich der Buzzer. Nun wird ein Verb vom Lehrer genannt. Wer zuerst den Buzzer bedient und die drei Formen des Verbs richtig nennen kann, erhält den Punkt. Wer nach dem Drücken erst lange nachdenkt oder die falsche Antwort gibt, erhält einen Punkt Abzug.

## 5.4 Spinning the bottle: Verbformen

Kl. 6–10

Stuhlkreis, leere Plastikflasche

10 Minuten

Auch zum Üben der unregelmäßigen Verben lässt sich das Spiel mit der kreisenden Flasche gewinnbringend einsetzen: Die Schüler sitzen im Stuhlkreis, die Flasche liegt in der Mitte. Der Lehrer nennt ein beliebiges Verb, z. B. *run*. Dann wird die Flasche gedreht und der Schüler, auf den die ruhende Flasche zeigt, muss die Vergangenheitsformen ergänzen: *run, ran, run*. Wer richtig antwortet, erhält einen Punkt.

## 6.1 Spinning the bottle: Interviews

Kl. 5/6

Stuhlkreis, leere Plastikflasche

15 Minuten

Bei diesem Spiel geht es darum, über sich selbst Auskunft zu geben und seine Mitschüler näher kennenzulernen. Die Klasse hat einen Stuhlkreis aufgebaut. Ein Schüler steht im Mittelpunkt und lässt sich befragen: *What's your name? How old are you? Where are you from? Do you have pets? Do you have brothers or sisters? Do you like pizza/chocolate/muesli? What's your favourite colour/pop group/football club/food?* Nachdem die Antwort gegeben wurde, dreht der Fragesteller die Flasche. Der Schüler, auf den die Flasche dann zeigt, stellt die nächste Frage. Das Spiel endet, wenn die Schüler keine weiteren Fragen mehr an den Mitschüler in der Mitte haben. Danach stellt sich der nächste Freiwillige der Fragerunde und gibt Auskunft über sich.
Alternativ können auch reihum Fragen formuliert und von dem Schüler beantwortet werden, auf den die Flasche bei Stillstand zeigt.

## 6.2 For sale: Klassenraum zu verkaufen!

Kl. 5/6

2–3 DIN-A6-Bögen pro Schüler, Stifte

15 Minuten

Die Schüler denken sich für die Einrichtungsgegenstände sowie andere Dinge im Klassenraum Fantasiepreise aus und entwerfen kleine Preisschilder, die sie an entsprechender Stelle anbringen. Anschließend werden kleine Verkaufsdialoge geübt, die etwa nach folgendem Muster verlaufen: *How much is the globe/the blackboard/the teacher's desk? – It's £25, please. – Oh, that's quite cheap. I think I'll take it.*

## 6.3 Siegertreppchen: Comparison of adjectives

Kl. 6/7

DIN-A4-Bögen in Klassenstärke, Treppe

10 Minuten

Wenn es um das Thema „Steigerung der Adjektive" geht, kann es den Lernprozess durchaus unterstützen, wenn man die Qualität von Eigenschaften bzw. deren unterschiedlichen Ausprägungsgrad visualisiert. Zu diesem Zweck werden auf alle Schüler DIN-A4-Bögen verteilt, auf denen jeweils ein Adjektiv in einer bestimmten Steigerungsform steht. Die Endung -er bzw. -est kann dabei zur besseren Orientierung ggf. farblich hervorgehoben sein.
Zunächst bewegen sich die Schüler durch den Raum und gruppieren sich entsprechend ihres Adjektivs, sodass *young, younger, youngest* oder *tall, taller, tallest* beieinander stehen. Die Steigerung wird besonders sinnfällig, wenn sich die Schüler auf einer Treppe aufstellen, mit dem Superlativ auf der höchsten Stufe.

## 6.4 Mr/Mrs Union Jack

Kl. 5/6

britische Flagge

2 Minuten

Rituale können eine kleine Hilfe dabei sein, Schüler auf den Englischunterricht einzustimmen und den Übergang von einem Fach bzw. Thema zum nächsten zu markieren. Eine Möglichkeit besteht z. B. darin, dass ein Schüler eine kleine britische Flagge „hisst", d. h. an einer besonderen Stelle im Klassenraum aufhängt oder auslegt.
Verbunden mit den Worten *Let's switch over to English now* ist dies ein eindeutiges Signal für die Schüler, sich nun auf eine andere Sprache und andere Themen zu fokussieren.

## 6.5 Meine Stärken und Schwächen

Kl. 5/6

ein Stuhl pro Schüler

15 Minuten

Diese sehr beliebte Übung dient der Anwendung und Vertiefung bestimmter Strukturen, mit deren Hilfe die Schüler über eigene Stärken und Schwächen, Interessen und Vorlieben Auskunft geben können: *I'm (not) good at …, I'm (not) interested in …, I'm (not) proud of …, I can …, I can't …*

Nach einer Phase persönlicher Reflexion und ggf. Austausch mit einem Partner soll jeder den anderen mitteilen, was nach seiner Überzeugung herausragende persönliche Stärken und Fähigkeiten sind. Dazu stellen sich die Schüler auf ihren Stuhl und sprechen mit lauter Stimme zur Klasse.

## 6.6 Das Alphabet-Spiel

Kl. 5/6

26 DIN-A4-Bögen mit jeweils einem Buchstaben

10 Minuten

Jede Karte zeigt einen Buchstaben des Alphabets. Jeder Schüler zieht eine A4-Karte und soll diesen Buchstaben „darstellen". Die Lehrkraft nennt nun englische Begriffe, die von den Schülern „buchstabiert" werden sollen. Dabei ist darauf zu achten, dass in den ausgewählten Wörtern jeder Buchstabe möglichst nur einmal vorkommt. Beispiel: Bei *chair* stellen sich die Schüler mit den benötigten Buchstaben *c, h, a, i* und *r* entsprechend nebeneinander auf.

Alternativ ist es durchaus möglich, dass ein Schüler mehrere, eher selten vorkommende Buchstaben darstellt oder häufiger benötigte Buchstaben gleich mehrfach vergeben werden.

Eine Variante besteht darin, dass eine kleine Gruppe von Schülern versucht, aus ihren Buchstaben möglichst viele englische Wörter zu bilden.

Mit den oben genannten Buchstaben lassen sich z. B. auch folgende Aufstellungen vornehmen: *hair, car, rich.*

# 6.7 Jumbled sentences – Verrückter Satzbau

vorbereitete DIN-A4-Bögen (ein Wort pro Bogen)

10 Minuten

Übungen mit *jumbled sentences* sind aus vielen Lehrwerken bekannt. Der Auftrag lautet beispielsweise: *Put these words in the right order and write the sentences.* Solche Übungen stellen für manche Schüler jedoch eine große Hürde dar. Viele sind damit überfordert, die zahlreichen Kombinationsmöglichkeiten gedanklich durchzuspielen und sprachlich korrekt zu formulieren, ohne Wörter auszulassen oder mehrfach zu benutzen.
Hilfreich ist folgende Übung: Die Lehrkraft hat A4-Bögen vorbereitet, die jeweils ein Wort eines Satzes enthalten. Die Karten liegen satzweise gebündelt und werden an kleine Gruppen von Schülern verteilt. Die Schüler stellen sich so nebeneinander auf, dass ihre Karten in der richtigen Reihenfolge gelesen einen sinnvollen Satz ergeben.
Ggf. können die Wörter umgestellt werden. Beispiel: Die Schüler mit den Karten *riding – bike – Tom – new – is – his* stellen sich zu *Tom is riding his new bike* auf. Prinzipiell könnte die Gruppe natürlich auch die Frage *is Tom riding his new bike* darstellen. In diesem Fall wäre die besondere Schreibweise (Satzanfang klein, fehlendes Fragezeichen) zu thematisieren.

## 6.8 About myself – Audioaufnahme

Kl. 5/6

5–10 Aufnahmegeräte pro Klasse

90 Minuten

Die Schüler produzieren zu Hause einen Text über sich selbst, den sie mit einem – möglichst digitalen – Aufnahmegerät aufnehmen (z. B. Laptop mit Mikrofon oder Handy mit Aufnahmefunktion). Die Aufnahme übergeben sie dann dem Lehrer, der sie ggf. noch digitalisiert (z. B. als mp3, MPEG oder WAV) und auf einem Laptop speichert.

Der Text sollte Informationen zu folgenden Fragen beinhalten: *boy/girl, age, place of living, family, what he or she looks like, his or her likes and dislikes (pets, hobbies, music, sports, school subjects ...).*

Die Texte werden im nächsten Englischunterricht der Klasse vorgespielt. Ein besonderer Reiz kann darin bestehen, den eigenen Namen nicht zu nennen – auch wenn die Mitschüler in der Regel die Stimme wiedererkennen – und die Klasse raten zu lassen, wer spricht.

## 6.9 Speech bubbles I: Interview

Kl. 5/6

ca. 20 laminierte Sprechblasen, Tafel, 20 Magnete

20 Minuten

Spiele und Übungen mit *speech bubbles* erfreuen sich großer Beliebtheit bei jüngeren und älteren Schülern. Daher sollen hier gleich zwei Beispiele vorgestellt werden.

Man benötigt einen Satz laminierter DIN-A4-Karten mit Sprechblasen, die Fragen und passende Antworten enthalten, außerdem Magnete für die Arbeit an der Tafel. Ist genügend Platz vorhanden, arbeiten die Schüler mit diesen Karten aber auch gerne auf dem Boden. Die Übungen können alleine, besser aber mit einem oder mehreren Partnern gespielt werden, da es um kommunikative Situationen geht. Eine kleinformatige Version des Kartensatzes kann für die Arbeit am Tisch bereitgestellt werden.

Je nach Leistungsstand und Interesse der Schüler lassen sich die Übungen in Umfang und Schwierigkeitsgrad variieren:

- Die Sprechblasen werden gut gemischt an der Tafel verteilt. Nun ordnen die Schüler Fragen und Antworten korrekt zu und hängen diese nebeneinander.
- Ein Schüler schließt die Augen, ein anderer bringt die Karten durcheinander und verändert die Zuordnung an etwa drei Stellen. Der erste Schüler muss die richtige Anordnung wieder herstellen.
- Ein Schüler schließt die Augen, der andere dreht mehrere Antwortkarten um. Der erste Schüler versucht nun, die korrekten Antworten aus dem Gedächtnis zu geben.
- Ein Schüler schließt die Augen, der andere dreht mehrere Fragekarten um. Der erste Schüler versucht nun, die passenden Fragen aus dem Gedächtnis zu stellen.
- Der Dialog wird laut und mit verteilten Rollen gelesen.
- Der Dialog wird so geführt, dass die Schüler Angaben zu ihrer eigenen Person machen und das Interview so authentisch wird. Dazu werden auch neue Fragen gebildet.
- Der Dialog wird sauber abgeschrieben.

Mögliche Fragen und Antworten für die *speech bubbles*:

# 6.10 Speech bubbles II: At the restaurant

ca. 20 laminierte Sprechblasen, Tafel, 20 Magnete, Kostüme und Requisiten

20 Minuten

Eine Übertragung des unter 6.9 vorgestellten Materials auf Themen wie *holidays, shopping, buying a ticket, at the doctor's* etc. ist problemlos möglich. Wenn den Schülern die verschiedenen Arbeitsmöglichkeiten dieses Spiels schon geläufig sind, arbeiten sie umso selbstständiger. Besonders aufregend wird es, wenn ihre Dialoge mit einem Mikrofon oder einer Kamera aufgenommen werden. Da das Spiel mithilfe von Requisiten und Kostümen noch authentischer wirkt, ist die Motivation der Schüler in der Regel sehr hoch.
Für die folgende Übung benötigt man ein ausgedientes Jackett, ein Handtuch für die Bedienung, eine Tischdecke und etwas Geschirr sowie Besteck. Schön ist es, wenn die Schüler selbst noch englische Speisekarten dazu anfertigen.

Mögliche Fragen und Antworten für die *speech bubbles*:

Excuse me. Can we have the menu, please?
Yes, certainly.

Are you ready to order?
Yes, please.

What would you like to eat?
I'd like a cheeseburger with a plate of chips, please.

And for you?
I'll have the curry chicken with rice, please.

Anything to drink?
We'll have two glasses of orange juice, please.

What about a cup of tea or coffee afterwards?
No, thank you.

Are you enjoying your meal?
Yes, it's delicious.

Waiter, the bill, please.
Of course. That's £ 14.80, please.

## 6.11 „Wahrsager“ und andere Rollenspiele

Kl. 5–7

Kopftuch, Glaskugel, bunte Tischdecke, vorbereitete Fragekärtchen

10 Minuten

Die meisten Schüler lieben Verkleidung und Rollenspiele. Kommunikative Situationen, die in den Lehrwerken in großer Fülle angeboten werden, gewinnen zusätzlichen Aufforderungscharakter, wenn die entsprechenden Dialoge nicht einfach nur vorgetragen oder aufgeschrieben werden, sondern durch die Schüler mithilfe geeigneter Requisiten in Szene gesetzt werden können. Auf dem Flohmarkt wird man oft fündig auf der Suche nach geeigneten *props*: Ein „Bobby“-Helm, damit der *police officer* authentisch wirkt, Dosen und Verpackungen für das Rollenspiel *shopping*, ausrangierte Spielsachen für *At the fleamarket,* zwei alte Telefone oder Handys zur Darstellung von Telefonaten etc.

Für das Partnerspiel „Wahrsager“ benötigt man eine Glaskugel, eine bunte Tischdecke, ein Kopftuch und kleine Karteikarten mit Fragen nach der Zukunft. Dabei üben die Schüler Fragen und Antworten im *will-future* ein. Zunächst wird die Glaskugel auf das ausgebreitete Tuch gestellt. Ein Schüler spielt den Wahrsager und trägt das Kopftuch. Ein anderer lässt sich die Zukunft vorhersagen. Als Hilfe dienen die vorbereiteten Fragen im *will-future,* z. B. *Will I marry? Will I have children? Will I be famous? Will I get rich?* Der Wahrsager antwortet mit *Yes, you will* oder *No, you won't* bzw. *I don't know.*
Besonders reizvoll ist es, wenn die Rollen dramatisch ausgestaltet werden und der Wahrsager die Glaskugel mit geheimnisvollen Handbewegungen beschwört …

## 6.12 Stop and swap

Kl. 5–10

viel Platz, CD-Player, Musik-CD, vorbereitete Fragekärtchen in Klassenstärke

15 Minuten

Ziel dieses Spiels ist es, viele Schüler mit wechselnden Partnern ins Gespräch zu bringen. Benötigt werden ein CD-Player mit Musik und ein vorbereitetes Fragekärtchen pro Schüler. Da man genügend Bewegungsraum braucht, kann ein Ausweichen in die Pausenhalle oder auf den Schulhof sinnvoll sein. Die Klasse bewegt sich zur Musik durch den Raum. Stoppt die Musik, wendet man sich einem Mitschüler zu, stellt sich gegenseitig die Fragen auf den Karten und beantwortet diese wahrheitsgemäß. Dann tauscht man die Fragekarten aus und bewegt sich weiter zur Musik, bis man beim nächsten Stopp auf einen anderen Gesprächspartner stößt. Themen können z. B. sein *holidays, Christmas, your weekend, your hobbies …*

## 6.13 Snowball

Kl. 5–10

vorbereitete Fragekärtchen in Klassenstärke

15 Minuten

Mithilfe des Schneeballsystems lässt sich die Spielweise von *stop and swap* recht kontrolliert einführen: Dazu werden zunächst potenzielle Fragen und entsprechende Antwortmöglichkeiten in einer zentralen Phase mit der ganzen Gruppe eingeübt, z. B. Fragen nach den individuellen sportlichen Aktivitäten (Was? Wo? Wie häufig? Wann? Mit wem? Ausrüstung? Wettkämpfe? etc.). Dann beginnt ein Schüler und stellt einem anderen seine Frage (vorbereitete Fragekarten!). Dieser antwortet, stellt seine Frage und nach einem Kartentausch sprechen die beiden zwei weitere Schüler an, bis nach und nach die ganze Gruppe einbezogen ist.

## 6.14 Give me five!

Kl. 7–10

keine

10 Minuten

Ältere Schüler beginnen mit dieser unter Jugendlichen gängigen Begrüßung ein kleineres Gespräch, bei dem mindestens fünf frei formulierte Fragen und Antworten ausgetauscht werden, bevor sie sich einem neuen Gesprächspartner zuwenden.

## 6.15 Walk and talk

Kl. 5–10

keine

10 Minuten

Die Schüler bewegen sich ohne Musik oder Fragekarten durch den Raum und treten miteinander in Kontakt. Die Lehrkraft macht nur formale Vorgaben wie z. B. *Talk to three boys and three girls* und legt fest, worüber gesprochen wird. In unteren Jahrgängen kann so auch mal eine Stunde beginnen: *Walk around, say 'hello' to each other and ask your classmates how they are this morning*. Bei älteren Schülern können Themen wie *What did you do at the weekend? What do you think of the new 'German Superstar?'* vorgegeben werden.

## 6.16 Creative writing

Kl. 5–10

individuell

individuell

Ältere Schüler lieben es, ihre kreative Energie in die fantasievolle Gestaltung eigener Textideen zu stecken. Hierzu sollten regelmäßig Anlässe geschaffen werden, für die es in den Lehrwerken viele gute Anregungen gibt. So entstehen z. B. *WANTED*-Plakate im Kontext der Lektüre von Robin Hood; Robinson Crusoe's Erlebnisse werden als Zeitungsartikel veröffentlicht, oder die Schüler schreiben eigene Horrorgeschichten, Krimis oder Liebesgedichte. Schüler gestalten Werbeplakate für die von ihnen entwickelten *fast food*-Speisen oder *crazy inventions*. Entscheidend ist, dass sich immer ein Forum für die Veröffentlichung der Arbeitsergebnisse findet, wie dies der Galeriegang bietet: Die Exponate werden an den Wänden des Klassenraums ausgestellt. Die Schüler gehen herum und betrachten die ausgehängten Werke. Dabei erhalten sie eine sachkundige Vorstellung durch die jeweiligen Urheber.

## 6.17 Date and weather

Kl. 5/6

individuell

5 Minuten

Für jüngere Schüler spielen wiederkehrende Rituale eine wichtige Rolle, da sie Sicherheit und Orientierung geben. Ein Ritual im Englischunterricht ist das Nennen des Datums und der Wetterbericht. Hierzu bieten einige Hersteller schöne Kalender an, auf denen Datum und Wetterlage eingestellt und der Klasse präsentiert werden können. Natürlich lässt sich mit ein wenig Bastelarbeit eine kleines *weather cinema* selbst herstellen. Solche Materialien und Rituale motivieren besonders die Schüler, die im Unterricht sonst eher zurückhaltend sind.

# 6.18 Kleine und große Projekte

individuell

individuell

Auch im Englischunterricht gibt es Raum für große und kleine Projekte. Ein wunderbares Unterrichtsvorhaben ist nach wie vor das bekannte *Airport*-Projekt. Aufgrund der Vielzahl der damit verbundenen Lernmöglichkeiten ist es allen Klassen zu empfehlen, die in der Nähe eines Flughafens wohnen. Sinnvoll ist es, dafür durchaus eine ganze Woche (z. B. im Rahmen einer Projektwoche) zu reservieren, denn die vorbereitenden, begleitenden und nachbereitenden Aktivitäten ermöglichen ein sehr differenziertes und nachhaltiges Lernen.

Mit entsprechender Absprache im Fachkollegium sowie gegenseitiger Unterstützung sind aber auch kleinere Vorhaben möglich, die eine praktische Umsetzung und Vertiefung des Gelernten erlauben und Schüler für Themen und Inhalte des Englischunterrichts motivieren. Großer Beliebtheit erfreuen sich z. B. Aktivitäten, bei denen es sich um *food and drink* dreht: Bei entsprechender Organisation lässt sich gruppenweise etwa ein *Full English Breakfast* zaubern, sodass die Schüler nicht nur über die klassischen Zutaten im Unterricht reden, sondern *tea with milk, cornflakes, Wheetabix, fried eggs and bacon* oder *baked beans* selber zubereiten und kosten.

Viel Freude bereiten auch eine echte *tea time* mit selbst gebackenen *scones,* das frische Zubereiten von Hamburgern, der Verzehr von Cola und *cookies* im Rahmen der Unterrichtsreihe *New York* oder das Ausprobieren von Rezepten aus dem *Notting Hill Carnival.* (Aber Vorsicht – das kann scharf werden!)

Bewährt hat sich auch der sogenannte *Uniform Day:* Die Klasse vereinbart, einen Tag lang bestimmte Kleidung zu tragen (z. B. schwarze Jeans und dunkler Sweater), um einmal einen Eindruck davon zu erhalten, wie es ist, eine Schuluniform zu tragen.

# 6.19 Buchstaben auf den Rücken malen

keine

10 Minuten

Eine besonders bei jüngeren Schülern beliebte Aktivität ist es, sich gegenseitig Buchstaben auf den Rücken zu malen und diese zu erraten. Dieses Spiel ist gewissermaßen eine vertrauensbildende Übung und fördert Aufmerksamkeit und differenzierte Wahrnehmung.
Die Schüler finden sich paarweise zusammen. Ein Schüler malt dem anderen mit dem Zeigefinger einen großen Buchstaben auf den Rücken, der andere muss diesen erraten und sich der richtigen englischen Aussprache bedienen. Anschließend werden die Rollen getauscht.

## 7.1 Impro-Comedy – Texte pantomimisch begleiten

Kl. 5–10

Lehrwerkstexte

individuell

Gerade bei Lehrwerkstexten mit humorvollem Inhalt kann die folgende Übung – in Maßen eingesetzt – sehr effektvoll sein.
Die Schüler lesen den bereits erarbeiteten und somit bekannten Text noch einmal laut und mit verteilten Rollen vor. Ein entsprechend begabter Mitschüler „übersetzt" den Text simultan in pantomimische Gesten und Bewegungen. Dies kann je nach schauspielerischem Talent sehr witzig sein. Für den Pantomimen besteht die Herausforderung darin, den Text aufmerksam zu hören, seinen Inhalt rasch aufzufassen und in Handlung umzusetzen. Für die Zuhörer und Beobachter werden die Aussagen des Textes nochmals visualisiert und damit die Inhalte verdeutlicht.

## 7.2 Rot oder grün?

Kl. 5–8

rote und grüne DIN-A6-Karten in Klassenstärke

10 Minuten

Auch bei diesem Spiel geht es um eine Überprüfung des Textverständnisses. Jeder Schüler erhält zwei Karten aus Karton, eine rote für „falsch" und eine grüne für „richtig". Nach gründlicher Erarbeitung eines Lehrwerkstextes trägt die Lehrkraft eine auf diesen Text bezogene Aussage vor, die entweder richtig oder falsch ist. Die Schüler halten daraufhin die entsprechende Karte in die Höhe. Nach jeder Runde sollte kurz geklärt und begründet werden, warum die Aussage richtig oder falsch war.

## 7.3 Right or wrong? – Der „heiße Stuhl“ 

Kl. 5–8

Tafel, Stühle

10 Minuten

Bei diesem Gruppenwettkampf geht es um eine spielerische Überprüfung des Textverständnisses. Die Klasse ist in zwei Gruppen geteilt. Im Idealfall sitzen immer zwei Schüler nebeneinander, von denen einer für die Gruppe *RIGHT* und der andere für die Gruppe *WRONG* antritt, ggf. werden die Zweiertische dazu durchnummeriert. Vor der Tafel steht ein Stuhl, der mit *RIGHT* gekennzeichnet ist, und ein zweiter mit *WRONG*.
Nach angemessener Erarbeitung eines Textes trägt der Lehrer eine darauf bezogene Aussage vor, die entweder richtig oder falsch ist. Dann wird der Tisch, dessen Schüler gegeneinander antreten, aufgerufen, z. B. *No. 7*. Die Schüler von Tisch Nr. 7 versuchen, möglichst schnell den entsprechenden Stuhl an der Tafel zu erreichen, um den Punkt für ihr Team zu gewinnen. Setzt sich jemand auf den falschen Stuhl, gibt es Punktabzug.

## 7.4 Das große Fragezeichen

Kl. 5/6

DIN-A5-Karte mit Fragezeichen

10 Minuten

Dieses vor allem bei jüngeren Schülern beliebte Spiel dient ebenfalls der Sicherung des Textverständnisses. Ein besonderes Augenmerk liegt dabei auf einzelnen Begriffen und Strukturen. Nach gründlicher Erarbeitung eines Lehrwerkstextes trägt der Lehrer Sätze aus diesem Text vor (geringfügige Abweichungen vom Original sind möglich) und lässt dabei jeweils ein zentrales Wort oder eine Wortgruppe aus. An dieser Stelle hält er eine Karte mit einem großen Fragezeichen in die Höhe. Die Schüler müssen herausfinden, um welchen Begriff oder welche Wortgruppe es sich handelt. Zur Not darf im Lehrwerk nachgeschlagen werden.

Weitere Titel des Autors:

- Freie Arbeit bei Maria Montessori und Peter Petersen,
  5. Aufl. Münster/Berlin: LIT Verlag 2009
- Fundgrube für die Freiarbeit Englisch,
  5. Aufl. Augsburg: Auer Verlag 2022
- 55 Methoden Englisch,
  3. Aufl. Augsburg: Auer Verlag 2021
- Inklusions-Material Englisch 5–10,
  Berlin: Cornelsen Verlag 2014
- Montessori-Pädagogik. Einführung in Theorie und Praxis,
  3. Aufl. Freiburg: Herder Verlag 2013
- Unterrichtsentwicklung mit Erfolg. 10 praxiserprobte Bausteine,
  Berlin: Cornelsen Verlag 2010

# Jederzeit optimal vorbereitet in den Unterricht?